LOS SENDEROS DEL MAESTRO
NIVELES DE EXCELENCIA

Pastor García

Blog: www.PastorGarcia.com

Mail: contacto@pastorgarcia.com

Twitter:

www.twitter.com/PastorGarcia01

Sobre el Autor

Pastor García Zapata

Soy Terapeuta Regresivo Reconstructivo, pertenezco a la Organización Mundial de Terapia Regresiva Reconstructiva Aplicada (OMTRRA). Estudié Filosofía, Teología, Escrituras Bíblicas y Psicología en la Universidad Pontificia Bolivariana de Medellín (Colombia), además, cuento con estudios de Coaching con Programación Neurolingüística (PNL), estoy Certificado en la Escuela Superior de PNL y en la Universidad de Marketing y Ventas con PNL, además, soy Coach Ejecutivo Certificado en The International School of Coaching (TISOC).

Fui misionero católico durante más de 15 años en la compañía de Jesús (Padres

Jesuitas), residí tanto en países africanos, asiáticos, latinoamericanos, como en zonas con misiones humanitarias establecidas, donde tuve la oportunidad de estar cerca del dolor, del hambre y del sufrimiento humano.

Soy fundador de la *Asociación Liberadora de Almas Solitarias* (ALAS), que es una organización sin ánimo de lucro dedicada a la Prevención del suicidio; está conformada por psicólogos y profesionales de diferentes disciplinas, que amorosamente acogen a personas con trastornos psicológicos, ya que debido a su estado de ánimo, albergan en su interior tendencias suicidas, y esas personas, los acompañan desinteresadamente, ofreciéndoles otras opciones de vida.

También, soy co-fundador de Hogares de Ancianos y de algunas Instituciones educativas dedicadas a ayudar a personas sin recursos, ya que debido a la violencia, son desalojadas de sus hogares y aquí encuentran un lugar seguro donde ir.

En la actualidad, soy Director General de: "Excelencia en Acción Coaching Para el Ser Humano Integral", con presencia física en Medellín y Bogotá (Colombia) y también a nivel virtual mundial, para todas las personas de habla hispana.

Mi pasión principal , es ayudar a los demás a ser más felices y para ello cuento con una Formación Profesional en Terapia Regresiva Reconstructiva, que es mi mano derecha y mi principal herramienta de trabajo, ya que la utilizo diariamente en consultas personales y virtuales, pues atiendo a personas de todo el mundo a través de Internet.   Acumulo una experiencia de cinco años en el medio y tengo grandes satisfacciones que guardo en mi interior como un tesoro y todo es gracias a los agradecimientos que recibo por parte de mis clientes y pacientes, que en la actualidad me reconocen públicamente como: "Terapeuta del Alma".

He sido la primera persona que en esta

especialidad cuenta con un programa de televisión emitido varios días a la semana por Internet, con una selecta y exquisita audiencia que me sigue frecuentemente. Mi programa: Sanando el Niño Interior, es donde destaco los Beneficios de la Terapia Regresiva Reconstructiva.

También soy Conferencista Internacional y ofrezco Conferencias, Seminarios y Talleres Terapéuticos, donde el mensaje principal de mi discurso es el amor, la sanación, el niño interior y el poder trascender al siguiente nivel.

Programas en vivo
http://pastorgarcia.com/envivo/

Encuéntrame en Internet
Blog: http://pastorgarcia.com/
Redes Sociales

Facebook:
https://www.facebook.com/PastorGarciaTerapeutaTRR/

Twitter:
https://twitter.com/PastorGarcia01
YouTube:
https://www.youtube.com/PastorGarciaTera
peutaTRR/

Introducción

A lo largo de la historia de la humanidad, los seres humanos siempre han estado acompañados de personajes que han marcado huella en la vida cotidiana dejando un legado a seguir y a esas personas excepcionales les llamamos maestros.

En este programa vamos a descubrir esos pasos, valores y secretos enigmáticos que han permanecido ocultos en la historia y que hoy se nos revelan a partir de sencillas técnicas y prácticas.

Los Maestros como:

Merlín que a través de metáforas enseñaba y preparaba al jovencito que años más tarde se convertiría en el rey Arturo.

Kadaisha en el templo Sufí enseñaba a los monjes el arte de la meditación, la magia y la sabiduría, a través de la naturaleza misma.

Jesús, que enseñaba a sus discípulos el amor y la misericordia por el prójimo-próximo, a partir de parábolas y metáforas.

Siddhartha Gautama Buda, a partir de la introspección y meditación alcanzó la iluminación.

Y muchos Maestros más en la antigua Grecia y en otros lugares del mundo estos seres especiales que pasaron por la vida dejando huellas que otros, más tarde seguiríamos en algunos momentos como fuentes de inspiración, consultaríamos, en momentos de duda, buscando un poco de luz y discernimiento para continuar nuestro camino hacia el autodescubrimiento que nos llevaría al final al puerto de la felicidad, o despertar espiritual.

Al pensar en estos grandes genios de la historia con nostalgia miramos hacia atrás con el deseo de haber existido y conocido a tales personajes de esos templos, con el argumento de que todo tiempo pasado fue mejor.

Sin embargo, hoy encontramos a un pequeño y selecto grupo de seres humanos que poseen cualidades, habilidades y valores semejantes a los grandes Maestros de la historia.

Ahora bien esos pequeños grupos que gozan de ese privilegio están muy sesgados y en ocasiones ocultos a los rayos del sol naciente, en mentes jóvenes que de todas la edades están sedientas por obtener ese conocimiento oculto misterioso y poderoso, que hace de esas personas celebridades en la vida actual.

En este entrenamiento encontrarás las claves, valores, destrezas y secretos de dichos maestros, que te empoderarán y subirán a la gloria de la felicidad. Viviendo la vida de tus sueños donde tus metas y objetivos se han cumplido satisfactoriamente, solo con el esfuerzo de tu disciplina, respeto por ti mismo, los otros y el entornos natural que te rodea.

Advertencia

Este programa está diseñado sólo para libre pensadores, mentes abiertas, analíticas y estudiosas que desafían los viejos paradigmas saltando al vacío de lo desconocido para encontrar su propia verdad.

Disculpa las molestias y gracias por tu comprensión.

Iniciemos

Los grandes Maestros tienen unas reglas de juego muy claras y es a partir de ellas que gestionan todo su programa de vida y misión.

A partir de este momento ya te encuentras dentro, iniciando inmersión hacia las profundidades del conocimiento de las mentes maestras que crean la vida de sus sueños.

Adaptabilidad

- El maestro empieza su camino adaptándose al medio la cultura, las creencias y vivencias de las personas del entorno y a partir de ahí, empiezan su misión evangelizadora.

Afecto.

- El Maestro interactúa con su entorno llenando de emociones y sentimientos agradables a los seres que le circundan, llevando a que cada ser que entra en contacto con él, se involucre en una relación místico-terrena donde el respeto y la admiración se entrelazan embelleciendo su paso por el mundo de los humanos.

Amistad

- el Maestro es un amigo, pues genera inquietudes e intereses particulares con su entorno, al punto de provocar en las personas una confianza de acercamiento a la imagen del maestro.

Aprendizaje continuo

- El Maestro es un hombre curioso que desde la óptica inocente del niño que observa a la naturaleza y entorno, aprende nuevas cosas cada día, además se acompaña de personas superiores a él con el fin de absorber nuevos conocimientos que meditará en su choza de la montaña mientras aviva el fuego de su corazón.

Autoestima

- El Maestro siempre goza de amor por sí mismo y esto se nota en sus gestos y lenguaje, está tan convencido y enamorado de sí mismo que no desperdicia el tiempo hablando de sí, sino de lo más noble, bondadoso y agradable de los otros.

Ayudar a la sociedad

- El Maestro a partir de una sola palabra o gesto de amor, que transmite constantemente facilita la civilización de la paz interior en la sociedad.

Ayudar a los demás

- El Maestro siempre está preparado para dar su ayuda a quienes se lo solicitan, viviendo las leyes universales de nunca ofrecer la ayuda que no le están pidiendo, siempre está presto al que llega a la puerta de su cabaña a solicitando sus servicios.

Belleza física

- El Maestro goza de una belleza física inigualable que aunque no sea una belleza que produzca deseo sexual o apasionado, hay un misterio en su físico que le hace brillar ante los demás, esta belleza procede desde el fondo de su sabiduría interior que lo embellece cada vez que hace su aparición en público.

Beneficio económico

- Otro de los niveles de excelencia personal es el fluir económico del dinero y los bienes materiales, el ser excelente jamás tendrá que sufrir por carencia de esta índole pues siempre su prosperidad le precede donde quiera que llegue, *"pues no teniendo nada es dueño amo y señor de todo".*

Calidad

- Cada palabra, gesto, vivencia y acción están acompañados de su propia marca personal donde no hay competencia alguna por sus servicios y conocimientos universales siempre actualizados y ajustados en el tiempo evolutivo.

Cambio y variedad

- Este nivel habla de una verdadera maestría en el cambio de la excelencia personal e integral, pues el ser excelente siempre está abierto a los nuevos cambios y diversidad producido por los mismos es ahí donde este ser excelente es como el agua que no es sucia ni limpia solo transporta contenidos y se adapta al molde que le pongan.

Competitividad, ser competente

- La calidad de su ser esta altamente capacitado para ofrecer lo mas valioso, divino y hermoso de si mismo, a los otros. Es un ser altamente convencido de lo que posee, por ello su sola presencia genera estabilidad, paz interior, deseos de vivir y motivación para alcanzar metas y objetivos.

Comodidad.

- Este nivel habla del ser evolucionado que siempre encuentra utilidad y comfort en el entorno, para él es lo mismo dormir bajo la sombra del árbol en la verde alfombra natural contemplando las estrellas, que en un hotel de lujo en finos cubre lechos de plumas.

Compromiso

- Siempre se responsabiliza de sí mismo jamás está pendiente de los otros, que a la vez gozan de sus ejemplos y seriedad al otorgar a los tiempos su propia responsabilidad, está siempre presente y presto para los demás, sin perder la conexión con el yo.

Comunicación con los demás

- Aunque es una persona sabia y misteriosa por la cantidad de conocimientos que abriga encima y que constantemente está gestando, se distingue y diferencia de los otros por la asertividad y elocuencia de sus palabras y comunicación, los interlocutores siempre están sedientos de una nueva palabra, gesto o expresión que salga de él.

Conocimiento

- De sus labios se discurre la miel, de sus ojos el sol y de sus bazos la tierra. Son tan amenas sus palabras que cuando habla sus interlocutores saborean deliciosos manjares intelectuales y sapienciales, sienten que las tinieblas de deshacen ante el brillo y limpieza de su mirada penetrante y sanadora. Que sus manos cosechan las más finas semillas que darán sus frutos en las tierras presentes.

Consciencia ecológica

- Su presencia es fino perfume, que llena el ámbito de su entorno y que por doquier, abraza desiertos, que colma con los mares y selvas de su ser, que siempre inspira, cambio, renovación y reintegración en el todo.

Control

- Siempre en paz, gozando de sus deseos carnales y vivencias físicas que lleva al máximo clímax sin perder el equilibrio. En cada experiencia su madurez le precede es amante de un solo ser a quien vislumbran las caricias de sus pensamientos que como suave brisa de la tarde alivia el desierto candente del sendero.

Cooperación

- Es elemento de inspiración para sus conocidos y seguidores, que les impulsa a alcanzar y lograr sus objetivos pues siendo de pocas palabras, cada una siempre va acompañada de una acción o manifestación material de objetivos, sueños y metas. Jamás se basa en el pasado siempre construye con elementos nuevos.

Creatividad

- Se despierta cada mañana con el niño inquieto que crea, diseña, sueña y cristaliza ideas, en los corazones presentes que a la vera del camino ansiosamente esperan una palabra de su maestro, que ama con su presencia, sana con la palabra y ahora mismo es en ti.

Crecimiento

- Jardinero de su destino que riega, cuida y alimenta, al creciente ser que se gesta dentro de si que a los 70 aun abona, que a los 85 recoge la cosecha y comparte con los suyos, a los 87 está sembrando de nuevo pues el crecimiento nunca termina, y los hermosos frutos de tu cosecha hoy estas compartiendo por el mundo.

Dedicación

- Nunca se rinde siempre al timón de su propio destino, donde las mareas por más que le amenacen nunca le harán naufragar, pues las experiencias del pasado navegando por aguas turbulentas siempre le llevaron a feliz puerto. Siempre sonríe aunque sus vecinos creen que puede fracasar y al final del día los frustrados desean su fortuna y perseverancia.

Democracia

- Siempre solidario y coherente con la comunidad donde se desenvuelve en la sencillez y respeto por los otros, quienes queriendo aprovechar sus conocimientos le quieren premiar en el liderazgo de la comunidad, mas desaparece su físico de dichos escenarios enriqueciéndolos con su legado.

Desarrollo personal

- Impecable en su presentación siempre crece entorno a los actuales conocimientos, y aunque viene de siglos pasados siempre se actualiza y acomoda al tiempo presente, enriqueciendo al mago quien devora sus conocimientos, los filtra y luego transfiere al pueblo que dichosos siguen sus pasos.

Desarrollo profesional

- Es convocado y contratado por famosos, empresarios y dignatarios, para gestionar sus vidas, ya que bajo el sombrero oculta los conocimientos ancestrales del universo, a sus pies reposan las musas que inspiran a otros.

- Los reyes le hacen venia pues su grandeza humilla los reinos terrenos.

Diálogo

- Y mientras me escuchas lo descubres abrazándote entre sus palabras que aromatizan y perfuman, reuniones e iluminan conciencias que a punto de perderse, regresan al origen donde la vida inocente y creativa fluye a través de tu discurso.

Dinero

- En la escases de sus creencias abundan el oro, las propiedades y el dinero, quienes le siguen tras sus huellas que siempre visibles en la sencillez de su vida siempre disfruta, bendita cobija de bienestar que tienes a tu alcance que te libra del frío, descuido, fracaso y peste, del menesteroso pesimismo, que viaja en el tren de al lado.

Entusiasmo

- En sus ventanas siempre sale el sol, y en las blancas nubes de su simpatía siempre encuentras sonrisas, afectos y cariños, que iluminan tu día, llevando acción a la quietud del conformismo estúpido que aprendiste de los idiotas.

Estabilidad

- Como roca firme siempre en paz, goza de lo que los demás sueñan, viaja, ríe, canta, llora y disfruta de placeres divinos que solo los del olimpo podían tener, aquí y ahora ya son, o yo soy o tu eres?
Actúa ya.

Estatus social

- No requiere de haber nacido en cuna de oro, familias nobles, reales o de condes, su imprimátur de excelencia le es otorgado universalmente desde antes de nacer y en la vida practica su respeto, títulos otorgados socialmente y capacidad de empatía se dan constantemente como consecuencia de su neurofisiología de la excelencia que se le escapa continuamente en su congruencia.

Estatus intelectual

- Admirado respetado y consultado por los altos dignatarios, medios de comunicación, investigadores y nobles que desean su opinión o punto de vista sobre aspectos relevantes donde su experiencia idónea y practica desborda sabiduría y respuestas increíbles aclarando las nebulosas intelectuales y existenciales del ser.

Ética

- Es del buen vivir, su integralidad goza de imperturbabilidad, nunca habla del bien ni del mal, para evitar etiquetar y hacer juicios sobre sus semejantes, nivel que le hace resplandecer su rostro ante los pueblos y naciones que le aclaman y siguen en busca de templar las cuerdas de sus almas abatidas por los prejuicios sociales.

Fama

- Aunque no es su fin y deseo, es reconocido, aplaudido y codiciado por el mundo. En ocasiones es comparado con figuras mitológicas como Merlín que siempre tiene una respuesta consigo, celebridad por naturaleza sin necesidad de aparecer, pues la clase no se improvisa siempre esta en tu ADN, actívala..................ya.

Familia

- Filiación universal a partir de sus pasos, pues no tiene una especifica, pues lo mismo es su hermano el hierofante, tigre, árbol, mar, humano, centauro, duende, empresario, obrero, mujer, niño, elefante y demás que conforman su familia universal donde sus hermanas las estrellas a acompañadas de los dos reyes de las alturas embellecen cada vez su mundo interno holístico donde todos somos uno.

Fiabilidad

- En el perfecto orden y funcionalidad de sus facultades, siempre son garantía de excelencia, a ojos cerrados sus seguidores y creyentes, reposan en la suavidad y finura de sus palabras que constantemente son creadoras de realidades donde el mundo de los sueños se hace visible al correr la cortina de la ignorancia que segaba sus ojos.

Honestidad

- Puedes ver cómo piensa y crea su vida, pues sus acciones horradas y correctas, embellecen cada encuentro y compartir con él, la elegancia y prudencia de su presencia anula conceptos preconcebidos o establecidos por viejas creencias.

Como el sol alimenta las plantas llenándolas de nuevos nutrientes y energía tu vida llana de la de millares que te siguen.

Honor

- Lleno de virtudes y heroísmo, en palabras y acciones que abarcan las exigencias sociales, colmándoles de seguridad y gozo al hacer los negocios y contratar verbales donde la suave brisa de sabiduría enriquece el intelecto de quienes le consultan.

Humildad

- Tesoro oculto que se manifiesta en la lista de valores que posee y comparte tanto con dignatarios como pordioseros, que en espera desde el suelo anhelan las migajas de proverbios, metáforas y finas acciones que transpiras mientras existes.

Influir en los demás

- Como fino perfume de otoño y primavera que los aldeanos disfrutan, su presencia es apreciada y aceptada recíprocamente en un espacio sin tiempo, donde las edades del universo convergen al espectáculo de mirada que penetra los misterios de dios donde tu y yo uno somos, en inmensidad y totalidad de posibilidades.

Innovación

- Siempre actual viniendo de épocas inmemorables como las cavernas, nunca se detiene ni queda atrás es gracias a él que las nuevas tecnologías son. En la cabaña más alta de la montaña donde vive siempre está al día con las nuevas tendencias tecnológicas del mercado, allá suben en busca de nuevas ideas creativas los diseñadores, científicos e inventores del futuro.

Integridad

- Como al mar emergen las aguas del cielo, los ríos y demás afluentes, Él tiene en sí todas las cualidades, destrezas y contenidos axiológicos que hacen de él el ser más amado elocuente y admirado del universo, bajo su sombra caben todos y todas, reinos humanos, animales, mágicos, extraterrestres e imaginarios, pues su carecía de egoísmo te hace un dios presente en sus mentes ahora mismo totalmente en el tiempo presente.

Involucración

- Viviendo en lo alto de la montaña, sus ojos brillantes que lo ven todo, su pelo y blanca barba, que adornan sus largos años donde la magia es sabiduría, le permiten estar siempre presente en eventos sociales, culturales, artísticos, empresariales, deportes, lúdicos, divertidos entre otros, pues sin su presencia tu vida sería vacía, sin la saciedad estimulante que te llena completamente en este momento de paz interior.

Lealtad

- Fiel a sus principios, sus clientes y maestros que por doquier encuentra disfrazados de niños, políticos, dignatarios, drogadictos, prostitutas, empresarios, estudiantes, científicos y demás que al entrar en su contacto dignifican su vida ante el puente que genera para alcanzar, lograr y cristalizar sus metas y objetivos se tu ahora mismo.

Liderazgo

- Así las ovejas conocen y siguen su voz, tiene en si las facultades para dirigir pueblos y naciones que se apostan a sus pies, más aún por su libertad solo enseña a los grandes líderes a gobernar y pastorear correctamente los destinos de otros. Aquí, ¿cuál es tu destino?

Logro

- Sus sueños y deseos de niño son ahora, la satisfacción y confort de luchas, metas y objetivos alcanzados. Donde en el atardecer en lo alto de la montaña en su hermosa cabaña donde vive te la pasas estupendamente bien, durmiendo como los señores del olimpo donde los mortales jamás llegaron. Ahora mismo estás tú llegando, te estás encontrando quién eres.

Mérito

- Digno de alabanzas y reconocimientos, es la persona ideal a seguir por sus altos logros y conocimientos, que lo distinguen con facilidad entre la sociedad, es maestro de soledad y líder de la marcha.

Motivación

- Su presencia es motor veloz que pone movimiento y dinamismo a todo ser con quien interactúa, verle en un día gris es tan semejante al sol del desierto, por su energía y calidez, que lleva alegría a las regiones más oscuras y ocultas del ser.

Naturaleza

- Provine de un mundo natural y de un universo infinito donde su cuerpo siendo semejante a de los mortales, su escancia o alma goza de la inmortalidad que cubren los siglos y milenios de la historia, es tan normal como el espejo derecho, más a la vez muy misterioso cuando al centro de tu vida llega del izquierdo información akasica, pasada de milenios que te reactiva el ser espiritual que eres.

Orden

- Es estable y sereno siempre conservando el equilibrio de las cosas y pensamientos donde sus deseos vuelan libres como palomas entre el universo del amor, quien con sus largos brazos acoge en el secreto seno de la sabiduría.

Placer

- Siempre sonríe y la felicidad se percibe en su cuerpo quien habla constantemente de la excelencia de vida que lleva, disfruta de amigos, familiares, desconocidos y parientes que encuentra en su senda evolutiva, dando lugar a la vida que fluye poderosamente a través de él.

Poder y autoridad

- En sus manos está el destino, que asumió desde su despertar, delega al tiempo un poema que como suave brisa llega en el momento oportuno, en la libertad de los vientos del cielo azul, que con su voz indica lo correcto a seguir y en ese orden sigues tú.

Posición social

- Siempre se goza de los momentos presentes entre la multitud de reconocimientos y títulos que posee, esta encumbrado por encima del promedio establecido y sin violar las reglas goza de las riquezas terrenales

donde es el rey, amo y señor de la
vida.

- ¿Dónde vives tu?

Precaución
- Su sabiduría y conocimientos
adquiridos en la vida, lo cubren de
peligros y situaciones riesgosas
donde otros viven al margen, pues
sus habilidades le ponen en lugar de
privilegio adelantándose a hechos
futuros evita el tropiezo y alimenta
fortunas mágicas de sueños
realizados en el fulgor de su
laboratorio personal donde crea la
vida de sus sueños.

Pasión
- Ama profundamente lo que es y lo
que hace, por consecuencia de ello el
universo lo aclama y aplaude en sus
reuniones sociales, conferencias,

enseñanzas y estilo de vida que tiene, cuando lo haces eres más feliz todavía más profundamente feliz.

Perseverancia

- Nunca se detiene siempre encuentra motivos para continuar, y en el camino las piedras se convierten el lingotes de oro puro, con los que construye su casa en las alturas de la montaña donde las águilas beben el agua fresca que lleva, la salud en escancia, visualiza cada día con amor agradeciendo el anterior por haberlo cumplido en sueños, metas, objetivos y deseos planificados.

Prestigio

- Su fama es conocida y llega hasta los confines de la tierra, nadie, ha sido ni será como él, que siempre encuentra el recurso adecuado para cada situación, llevándole al nivel de admirable, noble y respetable.

¿Cuál es el concepto que esperas que otras tengan de ti?

Propósito

- Siempre alcanzando sus metas y sueños siempre activo en su plan de vida que renueva constantemente por uno nuevo ya que, es un ser ilimitado donde las limitaciones han fracasado en el intento de estropear sus pasos todo lo disfruta de formas creativas y naturales.

Reconocimiento

- El estatus social del que goza no tiene límites pues es elocuente y atractivo en su humanidad, que con frecuencia es confundido con el gran Merlín el

maestro de Arturo, que fue iniciado bajo su sombra misteriosa y poderosa influencia que a través de un gesto, una mirada o un pequeño toque ya estaba en el mejor estado.
Totalmente en paz te encuentras cuando de ti te enteras.

Relaciones de calidad

* Nunca busca a nadie y todos van tras sus conocimientos tratando de medirlos y cuantificarlos. Disfruta de las mejores cosas seres y personas del universo, sólo se relaciona con personas altamente exitosas que buscando sabiduría y riquezas intelectuales tropiezan contigo buscando lo que tienes.

Relaciones personales

* Se comunica con amor, compasión servicio y generosidad, las personas le aman y respetan cada vez que te

dejas ver entre el mundo de los visibles eres reconocido por tus frutos que presiden tu camino, dando lugar a la luz que emerge desde lo hondo de tu montaña.

Religión

- Respeta las creencias de cada quien, nunca impone su verdad pues saliendo del templo en lo alto de la montaña, entiende que no hay verdades absolutas y que la verdad es relativa a cada ser, por ello nunca discrepa de las creencias ajenas goza de tanta paz y felicidad que constantemente su silencio crea realidades tangibles que para otros es un misterio.

Respeto

- Su valor como persona empresario y maestro le hacen único en su especie, las reverencias vienen y van por parte de la sociedad quien le ve como ícono de veneración por tal energía que proyecta.

Reputación

- Con muchísimo prestigio social, es visto como ejemplo para grandes líderes, gerentes, políticos e intelectuales que anhelan sus estatus. Sintiéndose completamente seguro de sí procede sin temor alguno al que dirán ya que su silencio grita entre las conciencias de su pueblo.

Responsabilidad

- Impecable en sus actos siempre da lo mejor de sí cumpliendo con las exigencias y un poco más allá de las mismas, siempre a tiempo, con sus tareas al día, gozando de sus derechos y deberes como buen ciudadano.

Reto

- Siempre ve los problemas y vicisitudes de la vida como retos ante los cuales se lanza y aventura, con la convicción del ganador que da por sentado que la meta a alcanzado. Ahora mismo tú lo estás logrando falta poco, ya estás en la cima.

Riqueza

- En su casa abundan las sonrisas de niños que corren libremente todo el día mientras aprenden creativamente y cada noche se van a la cama con una sonrisa gratifícate, la buena mesa y el buen vino corren por sus jardines, que visitados por emperadores y reyes admiran por su valor, anfitrión de señores, condes y reyes que ante una venia le bendicen con su presencia, ahora mismo tú eres esa abundancia.

Sabiduría

- Como miel silvestre son sus palabras, como algodón del valle sus consejos, como azules cielos sus miradas que tiernamente se adentran en tu historia transformado la forma de tus realidades.

Salud

- Su cuerpo siempre está fuerte, goza de longevidad inigualable amigos, compañeros y conocidos de su infancia la misma suerte quisieran tener ya que muchos ya muertos, enfermos, sin movimiento en completo abatimiento desean sus energías tener.
  Tu energía es salud inmortal.

Seguridad

- Jamás vacila ante la vida, siempre viviendo en congruencia y certeza de vida, es admirable la forma como se expresa y convoca a los otros, su plenitud y asertividad lo hacen brillar entre las dudas de los humanos.

Seguridad económica

- Abundante en bienes y dinero, su generosidad se ve en casa donde los sirvientes viven como reyes, y sus hijos disfrutan de placeres como oro, ante el sol que los ilumina y guía por nuevos senderos, siempre abundantes completamente ahora mismo siendo tú el dueño.

Ser competente

- Tiene las destrezas y competencias universales en su misteriosa montaña mágica, en esa cabaña donde guarda los talentos que constantemente esta usando para el beneficio de la humanidad, gobiernos y dignatarios ambicionan dichos tesoros, que finos adornos serían en sus manos ingenuas.

Ser útil
- Siempre diestro al servicio y ayuda a la comunidad, en sus manos soluciones tendrás y en la oscura noches tu ser resplandecerá dando respuestas de amor, paz y solidaridad.

Ser Eficiente
- Constantemente en acción, siendo el motor y movimiento del progreso en su entorno es querido, acogido e invocado por múltiples empresas y organizaciones con el fin de modelar ese único estilo donde todo es perfecto.

Serenidad

- Sin nieblas en su mente siempre claro y hermoso como la pureza de los cielos azules del verano, que reflejan la pureza de su escancia, donde el corazón late pausadamente en compás de tu respiración que te llevara a largos años de vida en esta maravillosa tierra de alegrías eternas.

Servicio a los demás

- Como las aguas que de lo alto de la pradera alimenta valles y ríos, su generosidad se extiende en el aporte a la comunidad donde orgullosos están de tu presencia real y tangible que lleva consuelo, apoyo, poder, alimento y medicina por doquier.

Sofisticación

- Elegante e impecable en sus modales y vestimenta, que le representan con altura, cultura, protocolo, etiqueta y buen semblante.

- Resplandece en las fiestas y eventos sociales donde sus palabras y acciones opacan la pompa de los festejados.

Supervisar o enseñar a otros

- Apoyo incondicional se recibe constantemente de este maestro que como niño inocente y curativo alimenta la curiosidad de los nuevos aprendizajes y cosas, que acontecen en el sano vivir, en el espacio de los aprendizajes sus discípulos y aprendices felices de contar con sus enseñanzas sienten el amor de la tierra que les abraza, perfumando con sus conocimientos sus mentes habidas de nuevos conocimientos.

Trabajar bajo presión

- Trabajando con los enanos de la montaña siempre, está dispuesto a aprender las artes y destrezas necesarias para luego replicar en su práctica profesional, recibe órdenes de superiores sin refutarlas por el bagaje y conocimientos previos, guardados en la caja mágica de su blanca cabaña, donde cabalgan junto a los dioses los mejores recuerdos y años de tu vida.

Trabajar con otros

- De camino con los aldeanos sembramos semillas que sus flores al mago blanco de la montaña agradan, ellos siempre felices en tu compañía aprenden y aprendes, las virtudes ocultas de tu cabaña, que con hermosos relámpagos agregan la tierra de la abundancia, donde la vida germina por milenios, ahora estoy vivo. Yo soy.

Trabajo con significado

- Se alimenta con gratitud alzando las manos en constante alabanza al universo, donde su trabajo es santuario de bendiciones que le permite vivir en lujosos y majestosos lugares, conducir su hermoso Ferrari, volar siempre en primera clase, disfrutar de compañeros excelentes donde cada uno es una persona y nunca un elemento de utilería para usar, agradecido vives en el momento actual el mejor momento de tu vida es hoy.

Trabajo fácil

- Con ternura y suavidad trata a los otros quienes son sus clientes familiares y semejantes, es el mago que ensañando la magia de la vida y los milagros a los aldeanos en los bajos de la montaña mágica donde vive, siempre da un tratamiento preferencial a niños, ancianos y mujeres que por su condición y delicadeza lo ameritan.

Trabajar solo

- En lo alto de la montaña mágica donde surgen sus ideas, tiene un laboratorio secreto en la blanca cabaña de donde emergen la justicia, la honestidad y el orden para la vida, que embellece el hermoso paisaje de la existencia. Constantemente, produce nuevos descubrimientos y aportes a la humanidad para su benéfico. En la soledad de su laboratorio personal siempre está trabajando, creando, inventando y aportando valor a la vida de otros.

Tranquilidad en el trabajo

- Siempre feliz en lo que ama que otros llaman trabajo, sus compañeros ven lo resplandeciente de su rostro entre sonrisas y chistes de buen humor que armoniza los espacios de labores, por momentos da la sensación de que está en un juego, pues es tanta su paz interior que constantemente sonrió ante mis empleados, superiores y compañeros de labores donde la vida es una fiesta.

Trascender, dejar un legado

- Ve y va, más allá de los limites humanos, caminos y senderos creados que otros seguirán, hoy guanto a la chimenea con mi familia sembrando semillas en esas fértiles tierras donde los cuentos, metáforas y paradojas del gran mago blanco nos envuelven e invaden por doquier hasta el fondo del

alma…………………..despierta,
levántate, camina esta mas
allá…………si más allá………corre por
tu sueño.
Has llegado felicitaciones, date un
gran abrazo como premio te lo
mereces.

Verdad
- Lámpara en la oscuridad son sus
palabras junto a él siempre los
aldeanos encuentran la verdad, la
rectitud está en tus manos y de tus
labios se destila la bendición que
siempre cobija, protege, ama y
perdona, que acciona el movimiento
y progreso de todo el sistema que te
trae vida a través de tus pulmones.
Hoy estás vivo…..sólo vive y disfruta
estos 120 años que se van como un
suspiro.

Vocación

- Amor entrañable y poderoso que entrelaza relaciones y vivencias maravillosas, siempre convencido de mi camino, aporte y servicio a la comunidad donde en paz me acuesto, donde mis hijos se levantan y mis mujeres gritan de placer, donde florece la vida y se recogen las cosechas.

Vinculación

- Lleno de frutos y cosechas que sentado en lo alto de mi montaña comparto con aldeanos, gnomos, duendes, hadas y espíritus del bosque que corren hacia mi refugio secreto buscando cobijo y habitación, las estrellas me saludad cada noche, mientras Selene con su misteriosa lámpara acompaña mi sueño, en las mañanas el sol me levanta y anima en

la continuidad de mi camino que
nunca termina hoy mismo inicia.

**A continuación has una lista de tus siete
niveles de excelencia:**

1_____

_____

_____

_____

2_____

_____

_____

_____

3_____

_____

_____

_____

4_____

_____

_____

_____

5 _____

_____

_____

_____

6 _____

_____

_____

_____

7 _____

_____

_____

_____

Ahora vívelos

Hoy inicio mi camino.

Agradecimientos

Para llegar a la cima de la montaña debes empezar a escalar, es precisamente lo que yo, Pastor García, estoy haciendo desde hace quince años atrás, cuando decidí renunciar a mi profesión como Religioso Misionero y dedicarme a servirle a mis semejantes desde otras ópticas y fuentes valiosas como la Psicología, Programación Neuro-Lingüística, (PNL), Desarrollo Personal y

Atención personalizada a poblaciones vulnerables a nivel emocional, con padecimientos psicológicos como la depresión, trastornos del estado de ánimo y tendencias suicidas, dándoles otra salida y opciones para la vida, porque gracias a mis conocimientos pude descubrir mi mision en la vida que en la actualidad llevo con amor ayudando a miles de seres humanos a Sanar su Niño Interior para que trasciendan al siguiente nivel, ya que he tenido una extensa experiencia por los años pasados en el campo religioso como misionero, ya que viajé por todo el mundo, viendo cara a cara el dolor humano, donde estuve consolando, enjugando lágrimas, alfabetizando, curando heridas físicas y emocionales, dando nuevas esperanzas a los moribundos por la guerra, enfermedad y abandono social,

En ese proceso, nunca estuve solo y por ello quiero reconocer a todas las personas que formaron parte de mi crecimiento integral.

Para terminar es imposible vivir una vida feliz sin la intervención, amor, colaboración y ayuda de los otros seres humanos que nos rodean. Abrazos y Bendiciones para Todos y Todas. Gracias.

Pastor García Zapata
Terapeuta Regresivo Reconstructivo
"Siempre a una llamada o clic de distancia"

Blog: http://pastorgarcia.com/
Redes Sociales

Facebook:
https://www.facebook.com/PastorGarciaTerapeutaTRR/

Twitter:
https://twitter.com/PastorGarcia01
YouTube:
https://www.youtube.com/PastorGarciaTerapeutaTRR/